"HOMEM E MULHER OS CRIOU"

CONGREGAÇÃO PARA A EDUCAÇÃO CATÓLICA
(PARA AS INSTITUIÇÕES DE ESTUDOS)

"HOMEM E MULHER OS CRIOU"

PARA UMA VIA DE DIÁLOGO SOBRE A QUESTÃO DO *GENDER* NA EDUCAÇÃO

© Libreria Editrice Vaticana, 2019.
Título original: *Maschio e femmina li creo*

Direção-geral: *Flávia Reginatto*
Editora responsável: *Maria Goretti de Oliveira*
Copidesque: *Ana Cecilia Mari*
Coordenação de revisão: *Marina Mendonça*
Revisão: *Sandra Sinzato*
Gerente de produção: *Felício Calegaro Neto*
Diagramação: *Jéssica Diniz Souza*

1ª edição – 2019

Nenhuma parte desta obra poderá ser reproduzida ou transmitida
por qualquer forma e/ou quaisquer meios (eletrônico ou mecânico,
incluindo fotocópia e gravação) ou arquivada em qualquer sistema ou
banco de dados sem permissão escrita da Editora. Direitos reservados.

Paulinas
Rua Dona Inácia Uchoa, 62
04110-020 – São Paulo – SP (Brasil)
Tel.: (11) 2125-3500
http://www.paulinas.com.br – editora@paulinas.com.br
Telemarketing e SAC: 0800-7010081
© Pia Sociedade Filhas de São Paulo – São Paulo, 2019

SUMÁRIO

Introdução 7

Ouvir 11

Analisar 21

Propor 25

Conclusão 41

INTRODUÇÃO

1. Difunde-se cada vez mais a consciência de que nos encontramos diante de uma verdadeira e própria *emergência educativa*, de modo particular no que diz respeito aos temas da afetividade e da sexualidade. Em muitos casos, são nos apresentadas estruturas e propostas de percursos educativos que "propagam concepções da pessoa e da vida pretensamente neutras, mas que, na realidade, refletem uma antropologia contrária à fé e à reta razão".[1] A desorientação antropológica que caracteriza amplamente o clima cultural do nosso tempo certamente contribuiu para a desestruturação da família, com a tendência a apagar as diferenças entre homem e mulher, consideradas como simples efeitos de um condicionamento histórico-cultural.

2. É nesse contexto que a *missão educativa* encontra-se com o desafio que "surge de várias formas de uma ideologia genericamente chamada *gender*, que "nega a diferença e a reciprocidade natural de homem e mulher. Prevê uma sociedade sem diferenças de sexo e esvazia a base antropológica da família. Essa ideologia leva a projetos educativos e diretrizes legislativas que promovem uma identidade pessoal e uma intimidade afetiva radicalmente desvinculadas da diversidade biológica entre homem e mulher. A identidade

---

[1] BENTO XVI. Discurso aos Membros do Corpo Diplomático acreditados junto da Santa Sé, 10 de janeiro de 2011.

humana é determinada por uma opção individualista, que também muda com o tempo'".[2]

3. Parece evidente que a questão não pode ser isolada de um horizonte mais amplo como é o da educação para o amor,[3] a qual deve oferecer – como assinalou o Concílio Vaticano II – "uma positiva e prudente educação sexual" no âmbito do direito inalienável de que todos têm a receber "uma educação correspondente ao próprio fim, acomodada à própria índole, sexo, cultura e tradições pátrias, e, ao mesmo tempo, aberta ao consórcio fraterno com os outros povos para favorecer a verdadeira unidade e paz na terra".[4] A esse respeito, a Congregação para a Educação Católica já ofereceu algumas explicações no documento: Orientações educativas sobre o amor humano.[5]

4. A *visão antropológica cristã* vê na sexualidade um componente fundamental da personalidade, um próprio modo de ser, de se manifestar, de se comunicar com os outros, de sentir, de se exprimir e de viver o amor humano. Portanto, essa é parte integrante do desenvolvimento da personalidade e do seu processo educativo: "É do sexo,

---

[2] PAPA FRANCISCO. Exortação apostólica pós-sinodal *Amoris laetitia*, 19 de março de 2016, n. 56.

[3] Cf. JOÃO PAULO II. Exortação apostólica pós-sinodal *Familiaris consortio*, de 22 de novembro de 1981, n. 6; cf. JOÃO PAULO II. Carta às famílias *Gratissimam sane*, 2 de fevereiro de 1994, n. 16; cf. JOÃO PAULO II. "Pedagogia do corpo, ordem moral e manifestações afetivas", Audiência Geral, 8 de abril de 1981.

[4] CONCÍLIO VATICANO II. Declaração sobre educação cristã *Gravissimum educationis*, 28 de outubro de 1965, n. 1.

[5] CONGREGAÇÃO PARA A EDUCAÇÃO CATÓLICA. Orientações educativas sobre o amor humano, 1º de novembro de 1983.

efetivamente, que a pessoa humana recebe aqueles caracteres que, no plano biológico, psicológico e espiritual, a fazem homem e mulher, condicionando por isso, em grande escala, a sua consecução da maturidade e a sua inserção na sociedade".[6] No processo de crescimento "esta diversidade, que tem como fim a complementaridade dos dois sexos, permite responder plenamente ao desígnio de Deus conforme a vocação à qual cada um é chamado".[7] Portanto, "a educação afetivo-sexual deve considerar a totalidade da pessoa e exigir, portanto, a integração dos elementos biológicos, psicoafetivos, sociais e espirituais".[8]

5. A Congregação para a Educação Católica, no âmbito das suas competências, pretende agora oferecer algumas reflexões que possam orientar e encorajar quantos estão empenhados na educação das novas gerações para enfrentar com método as questões mais atuais acerca da sexualidade humana, à luz da vocação para o amor a que cada pessoa é chamada.[9] Desse modo, pretende-se promover uma metodologia articulada nas três atitudes de *escutar*, de *analisar* e de *propor*, que favoreçem o encontro com as exigências das pessoas e das comunidades. Na realidade, o ouvir as exigências do outro e a compreensão das diversas condições conduzem à partilha de elementos racionais e preparam para uma educação cristã radicada na fé que "ilumina todas as

---

[6] CONGREGAÇÃO PARA A DOUTRINA DA FÉ. Declaração *Persona humana* sobre alguns pontos de ética sexual, 29 de dezembro de 1975, n. 1.

[7] Orientações educativas sobre o amor humano, n. 5.

[8] Ibid., n. 35.

[9] Cf. ibid., nn. 21-47, onde se expõe a concepção cristã da sexualidade.

coisas com uma luz nova, e faz conhecer o desígnio divino acerca da vocação integral do homem e, dessa forma, orienta o espírito para soluções plenamente humanas".[10]

6. Para empreender a via do diálogo sobre a questão do *gender* na educação, é necessário ter presente a diferença entre a *ideologia do gender* e as diversas investigações sobre *gender* realizadas pelas ciências humanas. Enquanto a ideologia pretende, como afirma o Papa Francisco, "dar resposta a certas aspirações por vezes compreensíveis", mas procura "impor-se como pensamento único que determina até mesmo a educação das crianças"[11] e, portanto, exclui o encontro, não faltam investigações sobre o *gender* que procuram aprofundar adequadamente o modo como se vive, nas diversas culturas, a diferença sexual entre homem e mulher. É em relação a essas investigações que é possível abrir-se à escuta, à análise e à proposta.

7. Portanto, a Congregação para a Educação Católica confia este texto – de modo especial nos contextos em que esse fenômeno é mais relevante – a quantos se preocupam com a educação, particularmente às comunidades educativas das escolas católicas e a quantos, animados pela visão cristã da vida, trabalham nas outras escolas, aos pais, aos alunos, aos dirigentes e ao pessoal, mas também aos bispos, aos sacerdotes, às religiosas e aos religiosos, aos movimentos eclesiais, às associações de fiéis e a outras organizações do setor.

---

[10] CONCÍLIO VATICANO II. Constituição pastoral sobre a Igreja no mundo contemporâneo *Gaudium et spes*, 7 de dezembro de 1965, n. 11.

[11] *Amoris laetitia*, n. 56.

OUVIR

Breve história

8. A primeira atitude que se deseja colocar em *diálogo* é o *escutar*. Trata-se, antes de mais, de escutar e compreender o que tem acontecido nos últimos decênios. O advento do século XX – com as suas visões antropológicas – traz consigo as primeiras concepções de *gender*, por um lado, assente numa leitura puramente sociológica da diferenciação sexual e, por outro, sob a influência da liberdade individual. Nasce, na realidade, na metade do século, uma linha de estudos que insistiram não só em acentuar o condicionamento externo como fator, mas também na sua influência sobre a determinação da personalidade. Aplicados à sexualidade, tais estudos quiseram demonstrar como a identidade sexual derivava mais de uma construção social do que de um dado natural ou biológico.

9. Essas concepções convergem para a negação da existência de um dom originário que nos precede e é constitutivo da nossa identidade pessoal, formando a base necessária para todo o nosso agir. Nas relações interpessoais, aquilo que conta seria somente o afeto entre os indivíduos, prescindindo da diferença sexual e da procriação, considerados como irrelevantes para a construção da família. Passa-se de um modelo institucional de família – tendo este uma estrutura e finalidade que não dependem das preferências subjetivas e individuais dos cônjuges – a uma visão puramente contratualista e voluntarista.

10. Com o tempo, as teorias do *gender* ampliaram o campo das suas aplicações. No início dos anos noventa do século passado, concentraram-se na possibilidade dos indivíduos de autodeterminarem as próprias inclinações sexuais sem ter em conta a reciprocidade e complementaridade da relação homem-mulher e da finalidade reprodutora da sexualidade. Chega-se, por fim, a teorizar uma radical separação entre gênero (*gender*) e sexo (*sex*), com a prioridade do primeiro sobre o segundo. Tal meta é vista como uma etapa importante da evolução da humanidade, a qual "prevê uma sociedade sem diferenças de sexo".[1]

11. Neste *contexto cultural*, compreende-se muito bem que *sexo* e *gênero* já não são sinônimos e, portanto, conceitos intercambiáveis, na medida que descrevem duas entidades diversas. O sexo define a nossa pertença a uma das duas categorias biológicas derivadas da díade original, feminina e masculina. O gênero, por sua vez, é o modo como se vive em cada cultura a diferença entre os dois sexos. O problema não está na distinção por si só, a qual pode ser interpretada retamente, mas numa separação entre sexo e *gender*. Esta separação tem como consequência a diferenciação de diversas "orientações sexuais" que já não se apresentam definidas pela diferença sexual entre masculino e feminino, mas podem assumir outras formas, determinadas somente pelo indivíduo radicalmente autônomo. Para além disso, o

---

[1] *Amoris laetitia*, n. 56.

próprio conceito de *gender* depende da atitude subjetiva da pessoa, que pode escolher um gênero que não corresponde à sua sexualidade biológica e, portanto, ao modo como os outros a consideram (*transgender*).

12. Numa crescente contraposição entre natureza e cultura, as propostas *gender* confluem no *queer*, isto é, numa dimensão fluida, flexível, nômade, a ponto de sustentar a completa emancipação do indivíduo de qualquer definição sexual dada *a priori*, com a consequente perda das classificações consideradas rígidas. Deixa-se, desse modo, espaço para nuanças que variam em grau e intensidade no contexto, quer seja da orientação sexual, quer seja na identificação do próprio *gender*.

13. A dualidade do casal, além disso, entra em conflito com os "poliamores" que incluem mais de dois indivíduos. Portanto, pode-se constatar que a duração da relação – e a sua natureza vinculante – se estrutura de modo variável segundo o desejo contingente dos indivíduos, com consequências ao nível da partilha de responsabilidades e das obrigações inerentes à maternidade e à paternidade. Toda essa variedade de relações torna-se "parentais" (*kinships*), fundadas sobre desejo ou afeto, muitas vezes marcadas por um tempo determinado, eticamente flexíveis ou mesmo consensualmente privadas de um qualquer projeto. A regra que impera é a absoluta *liberdade de autodeterminação* e a escolha circunstancial de qualquer indivíduo no contexto de uma qualquer relação afetiva.

14. Apela-se, desse modo, ao reconhecimento público da liberdade de escolha do gênero e também da pluralidade de uniões em contraposição ao matrimônio entre homem e mulher, considerado herança da sociedade patriarcal. Desejar-se-ia, portanto, que cada indivíduo possa escolher a própria condição e que a sociedade deva limitar-se a garantir tal direito, mesmo mediante uma comparticipação material, caso contrário, teriam lugar formas de descriminação social para as minorias. A reivindicação de tais direitos entrou no âmbito político moderno, obtendo acolhimento em alguns documentos internacionais e inserindo-se em algumas legislações nacionais.

Pontos de encontro

15. No quadro das investigações sobre o *gender* emergem, todavia, alguns possíveis pontos de encontro para crescimento na compreensão recíproca. Não é raro, na realidade, que os projetos educativos tenham a partilhável e valorizável exigência de lutar contra cada expressão de injusta discriminação. Estes buscam uma ação pedagógica, sobretudo com o reconhecimento dos atrasos e das faltas.[2] Não se pode negar, na realidade, que no decurso dos séculos apareceram formas de injusta subordinação que tristemente marcaram a história, e que também tiveram um influxo dentro da Igreja. Isso originou uma rigidez e imobilidade que retardaram a necessária e progressiva inculturação da genuína mensagem com a qual Jesus proclamava a *igual dignidade entre homem e mulher*, dando lugar a acusações

---

[2] Cf. PAPA FRANCISCO. Discurso aos participantes na Assembleia Geral da Pontifícia Academia para a Vida, 5 de outubro de 2017.

de um certo machismo mais ou menos mascarado de motivações religiosas.

16. Um ponto de encontro é a educação das crianças e dos jovens para que *respeitem cada pessoa* na sua peculiar e diferente condição, de modo que ninguém, por causa das próprias condições pessoais (deficiência, raça, religião, tendências afetivas etc.), possa tornar-se objeto de *bullying*, violência, insultos e discriminações injustas. Trata-se de uma educação para a cidadania ativa e responsável, na qual todas as legítimas expressões da pessoa sejam acolhidas com respeito.

17. Um outro ponto de crescimento na compreensão antropológica são *os valores da feminidade*, que foram evidenciados na reflexão sobre o *gender*. Na mulher, por exemplo, a "capacidade para o outro" favorece uma leitura mais realista e madura das situações contingentes, desenvolvendo "em si o sentido e o respeito do concreto, que se opõe às abstrações, muitas vezes mortais para a existência dos indivíduos e da sociedade".[3] Trata-se de um acréscimo que enriquece as relações humanas e os valores do espírito "a partir das relações cotidianas entre as pessoas". Por isso, a sociedade é em grande parte devedora das mulheres que estão "empenhadas nos mais distintos setores da *atividade educativa,* para além da família: pré-escolas, escolas,

---

[3] CONGREGAÇÃO PARA A DOUTRINA DA FÉ. Carta aos Bispos da Igreja Católica sobre a colaboração do homem e da mulher na Igreja e no mundo, 31 de maio de 2004, n. 13.

universidades, instituições de assistência, paróquias, associações e movimentos".[4]

18. A mulher tem a capacidade de compreender a realidade de modo único: sabendo resistir às adversidades, tornando "a vida ainda possível, mesmo em situações extremas", e conservando "um sentido tenaz do futuro".[5] Não é por acaso, na realidade, que "onde quer que se revele necessário um trabalho de formação, pode-se constatar a imensa disponibilidade das mulheres a dedicarem-se às relações humanas, especialmente em prol dos mais débeis e indefesos. Nesse trabalho, elas realizam uma forma de *maternidade afetiva, cultural e espiritual*, de valor realmente inestimável, pela incidência que tem no desenvolvimento da pessoa e no futuro da sociedade. E como não lembrar aqui o testemunho de tantas mulheres católicas e de tantas congregações religiosas femininas, que, nos vários continentes, fizeram da educação, especialmente dos meninos e meninas, o seu principal serviço?".[6]

Criticidade

19. No entanto, existem alguns *pontos críticos* que se apresentam na vida real. As teorias de *gender* indicam – especialmente as mais radicais – um processo progressivo de desnaturalização ou distanciamento da *natureza* diri-

---

[4] JOÃO PAULO II. Carta às mulheres, 29 de junho de 1995, n. 9.
[5] CONGREGAÇÃO PARA A DOUTRINA DA FÉ. Carta aos bispos, n. 13.
[6] JOÃO PAULO II. Carta às mulheres, n. 9.

gindo-se para uma opção total pelas decisões do sujeito emotivo. Com essa atitude, a identidade sexual e a família tornam-se dimensões da "liquidez" e "fluidez" pós-moderna: fundada somente sobre uma liberdade do sentimento e do querer malcompreendida mais do que sobre a verdade do ser; sobre desejo momentâneo da pulsão emotiva e sobre vontade individual.

20. Os pressupostos das teorias anteriormente mencionadas conduzem a um *dualismo antropológico*: à separação entre corpo reduzido à matéria inerte e a vontade que se torna absoluta, manipulando o corpo para o seu próprio prazer. Esse fisicismo e voluntarismo dão lugar ao relativismo, onde tudo é equivalente e indiferenciado, sem ordem e sem finalidade. Todas essas teorias, das moderadas às mais radicais, afirmam que o *gender* (gênero) acaba por ser mais importante que o *sex* (sexo). Isso determina, em primeiro lugar, uma revolução cultural e ideológica no horizonte relativista, e em segundo lugar uma revolução jurídica, porque essas instâncias promovem direitos individuais e sociais específicos.

21. Na realidade, ocorre que a defesa das diferentes identidades acabe frequentemente perseguida, revindicando-as como perfeitamente *indiferentes entre si* e, portanto, negando-lhes de fato a sua relevância. Isso assume particular importância em ordem à diferença sexual: frequentemente, na realidade, o conceito genérico de "não discriminação" esconde uma ideologia que nega a diferença e a reciprocidade natural entre homem e mulher. "Em vez de contrastar as interpretações negativas da diferença sexual, que mortificam o seu valor irredutível para a dignidade humana, deseja-se efetivamente anular essa diferença, propondo técnicas e práticas que a tornam irrelevante para o desenvolvimento da pessoa e para os relacionamentos humanos. Mas a utopia do "neutro" remove tanto a dignidade humana da constituição sexualmente diferente como, ao mesmo tempo, a qualidade pessoal da transmissão generativa da vida.[7] Esvazia-se – desse modo – a base antropológica da família.

22. Essa ideologia induz a projetos educativos e a orientações legislativas que promovem uma identidade pessoal e uma intimidade afetiva radicalmente desvinculada da *diferença biológica* entre masculino e feminino. A identidade humana é entregue a uma opção individualista, mutável com o tempo, expressão do modo de pensar e agir, hoje difundido, que confunde "a liberdade genuína com a ideia de que cada um julga como lhe parece, como se, para além dos indivíduos, não houvesse verdades, valores, princípios que nos guiam, como se tudo fosse igual e tudo se devesse permitir".[8]

23. O Concílio Vaticano II, interrogando-se sobre o que pensa a Igreja da pessoa humana, afirma que "o homem, ser uno, composto de corpo e alma, sintetiza em si mesmo, pela sua natureza corporal, os elementos do mundo material, os quais, por meio dele, atingem a sua máxima elevação

---

[7] PAPA FRANCISCO. Discurso aos participantes na Assembleia Geral da Pontifícia Academia para a Vida, n. 3.

[8] *Amoris laetitia*, n. 34.

e louvam livremente o Criador".[9] Com essa dignidade, "não se engana o homem, quando se reconhece por superior às coisas materiais e se considera como algo mais do que simples parcela da natureza ou anônimo elemento da cidade dos homens".[10] Portanto, "é preciso não confundir as expressões *ordem da natureza* e *ordem biológica*, nem identificar o que elas designam. A ordem biológica é ordem da natureza na medida em que é acessível aos métodos empíricos-descritivos das ciências naturais; mas, enquanto ordem específica da existência que permanece em evidente referência à Causa Primeira, a Deus Criador, não é uma ordem biológica".[11]

---

[9] *Gaudium et spes*, n. 14.
[10] Id.
[11] WOJTYLA, K. *Amor e responsabilidade. Estudo ético.* São Paulo, 1982, p. 52.

ANALISAR

Argumentos racionais

24. O estudo do perfil histórico, dos pontos de encontro e da crítica na questão do *gender* conduz na direção de considerações à luz da razão. Existem, de fato, argumentos racionais que clarificam *a centralidade do corpo* como elemento integrante da identidade pessoal e das relações familiares. O corpo é subjetividade que comunica a identidade do ser.[1] À luz disso compreende-se o dado das ciências biológicas e médicas, segundo o qual o "dimorfismo sexual" (ou a diferença sexual entre homem e mulher) é comprovado pela ciência, entre as quais, por exemplo, a genética, a endocrinologia e a neurologia. Do ponto de vista genético, as células do homem (que contêm os cromossomos XY) são diferentes daquelas da mulher (a que equivalem os cromossomos XX) desde a concepção. De resto, no caso de indeterminação sexual é a medicina que intervém para uma terapia. Nessas situações específicas, não são os pais nem tampouco a sociedade que podem fazer uma escolha arbitrária, mas é a *ciência médica* que intervém com finalidade terapêutica, ou seja, operando de

---

[1] Cf. JOÃO PAULO II. Carta encíclica *Veritatis splendor*, 6 de agosto de 1993, n. 48.

forma menos invasiva na base de parâmetros objetivos, de modo a explicitar a identidade constitutiva.

25. O *processo de identificação* é obstaculizado pela construção fictícia de um "gênero neutro" ou "terceiro gênero". Desse modo, anula-se a sexualidade como qualificação estruturante da identidade masculina e feminina. A tentativa de superar a diferença constitutiva de masculino e feminino, como ocorre na intersexualidade ou no *transgender*, conduz a uma ambiguidade masculina e feminina, que pressupõe de modo contraditório aquela diferença sexual que se pretende negar ou superar. Essa oscilação entre masculino e feminino torna-se, no final, uma exposição somente "provocatória" contra os chamados "esquemas tradicionais", que não têm em conta o sofrimento daqueles que vivem numa condição indeterminada. Tal concepção procura aniquilar a natureza (tudo o que recebemos como fundamento prévio do nosso ser e todas as nossas ações no mundo), enquanto ali é implicitamente reafirmado.

26. Também a análise filosófica mostra como a *diferença sexual* masculino/feminino é parte constitutiva da identidade humana. Na filosofia greco-latina a *essência* coloca-se como elemento transcendente que recompõe e harmoniza a diferença entre feminino e masculino na unicidade da *pessoa humana*. Na tradição hermenêutico-fenomenológica, seja a distinção, seja a complementaridade sexual vêm interpretadas em chave simbólica e metafórica. A diferença sexual constitui, na relação, a identidade pessoal, seja em sentido horizontal (*diádico*: homem-mulher), seja em sentido vertical (*triádico*: homem-mulher-Deus), seja no âmbito da relação interpessoal homem-mulher (eu/tu), seja no âmbito da relação familiar (tu/eu/nós).

27. A própria *formação da identidade* baseia-se na alteridade: no confronto imediato com o "tu" diferente de mim reconheço a essência do meu "eu". A diferença é a condição para o conhecimento de modo genérico e para o conhecimento da própria identidade. Na família, o confronto com a mãe e o pai facilita à criança o processo de elaboração da própria identidade/diferença sexual. As teorias psicanalíticas demonstram o *valor tripolar* da relação pais/filho, afirmando que a identidade sexual emerge plenamente somente no confronto sinérgico da diferenciação sexual.

28. A *complementaridade* fisiológica, baseada na diferença sexual, assegura as condições necessárias para a procriação. O recurso, por sua vez, às tecnologias reprodutivas pode consentir a geração a um dos elementos de um casal de pessoas do mesmo sexo, com a "fecundação *in vitro*" e a maternidade de aluguel: mas o uso das tecnologias não equivale à concepção natural, na medida em que comporta manipulação de embriões humanos, fragmentação da parentalidade, instrumentalização e/ou mercantilização do corpo humano, sem esquecer a redução da criança a um objeto de uma tecnologia científica.[2]

29. De modo particular, no que diz respeito ao setor escolástico, é próprio da natureza da educação a capacidade

---

[2] Cf. CONGREGAÇÃO PARA A DOUTRINA DA FÉ. Instrução sobre o respeito da vida humana nascente e a dignidade da procriação – *Donum vitae*, 22 de fevereiro de 1987, n. 4.

de construir as bases para um diálogo pacífico e permitir o encontro profícuo entre as pessoas e as ideias. Apresenta-se, além disso, de modo não secundário a perspectiva de um alargamento da razão à *dimensão transcendente*. O diálogo entre fé e razão "não quer limitar-se a um estéril exercício intelectual, deve partir da atual situação concreta do homem, e sobre ela desenvolver uma reflexão que reúna a sua verdade ontológico-metafísica".[3] Coloca-se nessa dimensão a missão evangelizadora da Igreja sobre o homem e sobre a mulher.

---

[3] BENTO XVI. Discurso aos participantes do VI Simpósio Europeu dos Professores Universitários, Roma, 7 de junho de 2008.

PROPOR

Antropologia cristã

30. A Igreja – mãe e mestra – não se limita a escutar, mas, fortificada pela sua missão, abre-se à razão e põe-se a serviço da comunidade humana, oferecendo as suas propostas. Na realidade, é evidente que, sem uma clarificação convincente da *antropologia* sobre a qual se funda o significado da sexualidade e da afetividade, não é possível estruturar de modo correto um percurso educativo coerente com a natureza do homem como pessoa, com o fim de orientá-lo para a plenitude da sua identidade sexual no contexto da vocação ao dom de si. E o primeiro passo dessa clarificação antropológica consiste no reconhecimento de que "também o homem possui uma natureza, que deve respeitar e não pode manipular como lhe apetece".[1] É essa a questão fulcral daquela ecologia humana que procura "o reconhecimento da dignidade peculiar do ser humano" e "a relação necessária da vida do ser humano com a lei moral inscrita na sua própria natureza".[2]

31. A antropologia cristã funda as suas raízes na narração das origens como são descritas no Livro do Gênesis,

---

[1] BENTO XVI. *Discurso ao Reichstag de Berlim*, 22 de setembro de 2011.

[2] PAPA FRANCISCO. Carta encíclica, sobre o cuidado da casa comum, *Laudato si'*, 24 de maio de 2015, nn. 154-155.

onde está escrito que "Deus criou o homem à sua imagem [...] homem e mulher os criou" (Gn 1,27). Nestas palavras encontra-se o núcleo não só da criação, mas também da relação vivificante entre homem e mulher, colocando-os em íntima união com Deus. O *si mesmo* e *o outro* completam-se segundo a sua específica identidade e encontram-se naquilo que constitui uma dinâmica de reciprocidade, sustentada e derivada do Criador.

32. As palavras bíblicas revelam o desejo sapiente do Criador que, "assinalado como característica do homem o corpo, a sua masculinidade e feminilidade; e que na masculinidade e feminilidade lhe assinalou em certo sentido como característica a sua humanidade, a dignidade da pessoa, e também o sinal transparente da 'comunhão' interpessoal, em que o homem mesmo se realiza através do autêntico dom de si".[3] Portanto, a *natureza humana* – superando todo o fisicismo ou naturalismo – deve-se compreender à luz da *unidade da alma e do corpo*, a "unidade das suas inclinações tanto de ordem espiritual como biológica, e de todas as outras características específicas, necessárias para a obtenção do seu fim".[4]

33. Nessa "totalidade unificada"[5] integra-se a dimensão vertical da comunhão com Deus e da dimensão horizontal da comunhão interpessoal, à qual o homem e a

---

[3] JOÃO PAULO II. "Pedagogia do corpo, ordem moral e manifestações afetivas", Audiência Geral, 8 de abril de 1981.

[4] *Veritatis splendor*, n. 50.

[5] Cf. id.

mulher são chamados.[6] A identidade pessoal amadurece de modo autêntico no momento em que se abre aos outros, precisamente porque "na configuração do próprio modo de ser – feminino ou masculino –, não confluem apenas fatores biológicos ou genéticos, mas uma multiplicidade de elementos que têm a ver com o temperamento, a história familiar, a cultura, as experiências vividas, a formação recebida, as influências de amigos, familiares e pessoas admiradas, e outras circunstâncias concretas que exigem um esforço de adaptação".[7] Na realidade, " para a pessoa humana é essencial o fato de que só se torna ela mesma a partir do outro, o 'eu' só se torna ele próprio a partir do 'tu' e do 'vós', é criado para o diálogo, para a comunhão sincrônica e diacrônica. E só o encontro com o 'tu' e com o 'nós' abre o 'eu' a si mesmo".[8]

34. É necessário confirmar a raiz metafísica da diferença sexual: homem e mulher, na realidade, são as duas modalidades nas quais se exprime e realiza a realidade ontológica da pessoa humana. É essa a resposta antropoló-

---

[6] "O homem e a mulher constituem dois modos segundo os quais a criatura humana realiza uma determinada participação do Ser divino: foram criados à 'imagem e semelhança de Deus' e realizam completamente tal vocação não só como pessoas singulares, mas também como casal, qual comunidade de amor, orientados para a união e a fecundidade, o homem e a mulher casados participam do amor criador de Deus, vivendo a comunhão com ele através do outro", Orientações educativas sobre o amor humano, n. 26. Cf. também: CONGREGAÇÃO PARA A EDUCAÇÃO CATÓLICA. Educar para o diálogo intercultural na escola católica. Viver juntos para uma civilização de amor, 28 de outubro de 2013, n. 35-36.

[7] *Amoris laetitia*, n. 286.

[8] BENTO XVI. Discurso à Assembleia Geral da Conferência Episcopal Italiana, 27 de maio de 2010.

gica à negação da dualidade entre masculino e feminino, da qual se gera a família. A negação de tal dualidade não só anula a visão da criação, mas designa uma pessoa abstrata "que em seguida escolhe para si, autonomamente, qualquer coisa como sua natureza. Homem e mulher são contestados como exigência, ditada pela criação, de haver formas da pessoa humana que se completam mutuamente. Se, porém, não há a dualidade de homem e mulher como um dado da criação, então deixa de existir também a família como realidade preestabelecida pela criação. Mas, em tal caso, também a prole perdeu o lugar que até agora lhe competia e a dignidade particular que lhe é própria".[9]

35. Nessa perspectiva, educar para a sexualidade e para a afetividade significa aprender "com perseverança e coerência [...] qual é o significado de corpo"[10] em toda a verdade original da masculinidade e da feminilidade; significa portanto "aprender a aceitar o próprio corpo, a cuidar dele e a respeitar os seus significados [...]. Também é necessário ter apreço pelo próprio corpo na sua feminilidade ou masculinidade, para se poder reconhecer a si mesmo no encontro com o outro que é diferente [...], e enriquecer-se mutuamente".[11] Portanto, à luz de uma *ecologia plenamente humana e integral*, a mulher e o homem reconhecem o significado da sexualidade e da parentalidade naquela intrínseca intenção relacional e comunicativa que

---

[9] Id. Discurso à Cúria Romana, 21 de dezembro de 2012.

[10] *Amoris laetitia*, n. 151.

[11] *Laudato si'*, n. 155.

atravessa a própria corporeidade e os envia um para o outro mutuamente.

A família

36. A família é o lugar natural no qual essa relação de reciprocidade e comunhão entre o homem e a mulher encontra plena atuação. Nessa, o homem e a mulher, unidos na escolha livre e consciente do *pacto de amor* conjugal, realizam "uma totalidade em que entram todos os componentes da pessoa – apelo do corpo e do instinto, força do sentimento e da afetividade, aspiração do espírito e da vontade".[12] A família é "uma realidade antropológica e, consequentemente, social, cultural", de tal modo que "qualificar com conceitos de natureza ideológica, que só são válidos num determinado momento da história, e depois caducam",[13] significa trair o seu valor. A família, enquanto sociedade natural na qual a reciprocidade e complementaridade entre homem e mulher se realizam plenamente, precede a mesma ordem sociopolítica do Estado, cuja livre atividade legislativa deve ter isso em conta e dar-lhe o justo reconhecimento.

37. É racionalmente compreensível que na própria natureza da família se fundam dois direitos fundamentais que devem sempre ser sustentados e garantidos. O primei-

---

[12] *Catecismo da Igreja Católica*, n. 1643.

[13] PAPA FRANCISCO. Discurso aos participantes do Encontro Internacional sobre a Complementaridade entre Homem e Mulher, promovido pela Congregação para a Doutrina da Fé, 17 de novembro de 2014.

ro é o direito da família a ser reconhecida como o espaço pedagógico primário para a formação da criança. Tal "direito primário" traduz-se, desse modo, concretamente no "gravíssimo dever"[14] dos pais em assumirem a responsabilidade da "educação completa dos filhos de modo pessoal e social",[15] e, por isso, também lhes compete a educação para a identidade sexual e afetividade, "no quadro de uma educação para o amor, à recíproca doação".[16] Trata-se de um *direito-dever educativo* que "qualifica-se como essencial, ligado como está à transmissão da vida humana; como original e primário, em relação ao dever de educar dos outros, pela unicidade da relação de amor que subsiste entre pais e filhos; como insubstituível e inalienável, e, portanto, não delegável totalmente a outros ou por outros usurpável".[17]

38. Um outro direito, não de todo secundário, é aquele que a criança tem "de crescer numa família, com um pai e com uma mãe, capazes de criar um ambiente propício para o seu desenvolvimento e amadurecimento, continuando a amadurecer na relação, no confronto com aquilo que representa a masculinidade e a feminilidade de um pai e de uma mãe, e assim preparando a maturidade afetiva".[18] E é precisamente no interior do próprio *núcleo familiar* que a

---

[14] Código de Direito Canônico, can. 1136; cf. Código de Cânones das Igrejas Orientais, can. 627.

[15] *Gravissimum educationis*, n. 3.

[16] *Amoris laetitia*, n. 280.

[17] JOÃO PAULO II. Exortação apostólica *Familiaris consortio*, 22 de novembro de 1981, n. 36.

[18] PAPA FRANCISCO. Discurso a uma Delegação do Departamento Internacional Católico para a Infância (BICE), 11 de abril de 2014.

criança pode ser educada a reconhecer o valor e a beleza da diferença sexual, da paridade, da reciprocidade biológica, funcional, psicológica e social. "Diante de uma cultura que 'banaliza' em grande parte a sexualidade humana, [...] o serviço educativo dos pais deve dirigir-se com firmeza para uma cultura sexual que seja verdadeira e plenamente pessoal. A sexualidade, de fato, é uma riqueza de toda a pessoa – corpo, sentimento e alma – e manifesta o seu significado íntimo ao levar a pessoa ao dom de si no amor".[19] Esses direitos acompanham naturalmente todos os outros direitos fundamentais da pessoa, particularmente o da liberdade de pensamento, de consciência e de religião. Nesses espaços pode-se fazer nascer profícuas experiências de colaboração entre todos os sujeitos envolvidos na educação.

A escola

39. A ação educativa da família une-se à da escola, a qual interage de modo subsidiário. Fortalecida pela sua fundação evangélica, "a escola católica caracteriza-se por ser uma escola para a pessoa e das pessoas. 'A pessoa de cada um, com as suas necessidades materiais e espirituais, é central na mensagem de Jesus: por isso a promoção da pessoa humana é o fim da escola católica'. Esta afirmação, sublinhando a relação vital do homem com Cristo, recorda que na sua pessoa se encontra a plenitude da verdade acerca do homem. Por isso, a escola católica, obedecendo à solicitude da Igreja, empenha-se em promover o homem na sua

---

[19] *Familiaris consortio*, n. 37.

integridade, consciente de que todos os valores humanos encontram a sua realização plena e, portanto, a sua unidade em Cristo. Essa consciência manifesta a centralidade da pessoa no projeto educacional da escola católica, reforça o seu empenhamento educativo e torna-a apta a educar personalidades fortes".[20]

40. A escola católica deve tornar-se uma comunidade educativa na qual a pessoa exprime-se a si mesma e cresce humanamente num processo de relação dialógica, interagindo de modo construtivo, exercitando a tolerância, compreendendo os diversos pontos de vista, criando confiança num ambiente de autêntica concórdia. Instaura-se, assim, a verdadeira *"comunidade educativa*, espaço de convivência das diferenças. A escola-comunidade é lugar de encontro, promove a participação, dialoga com a família, primeira comunidade de pertença dos alunos que a frequentam, respeitando a cultura e colocando-se em escuta profunda das necessidades que encontra e das esperanças da qual é destinatária".[21] Desse modo, os jovens e as jovens são acompanhados por uma comunidade que "estimula-os a superar o individualismo e a descobrir, à luz da fé, que são chamados a viver de maneira responsável uma vocação específica em solidariedade com os outros homens".[22]

---

[20] CONGREGAÇÃO PARA A EDUCAÇÃO CATÓLICA. *A escola católica no limiar do terceiro milênio*, 28 de dezembro de 1997, n. 9.

[21] Educar para o diálogo intercultural na escola católica. Viver juntos para uma civilização de amor, n. 58 (tradução da versão italiana).

[22] CONGREGAÇÃO PARA A EDUCAÇÃO CATÓLICA. A escola católica, 19 de março de 1977, n. 45.

41. Também os educadores cristãos, que vivem a sua vocação na escola não católica, dão testemunho da verdade da pessoa humana e estão a serviço da sua promoção. Na realidade, "a formação integral do homem, como finalidade da educação, compreende o desenvolvimento de todas as faculdades humanas do educando, a sua preparação para a vida profissional, a formação do seu sentido ético e social, a sua abertura ao transcendente e a sua educação religiosa".[23] O *testemunho pessoal*, unido à competência profissional, contribui para a obtenção desses objetivos.

42. A *educação da afetividade* tem necessidade de uma linguagem adequada e ponderada. Em primeiro lugar, essa deve ter em conta que as crianças e os jovens ainda não alcançaram a plena maturidade e preparam-se para descobrir a vida com interesse. Portanto, é necessário ajudar os alunos a desenvolver "sem o desenvolvimento do sentido crítico perante uma invasão de propostas, perante a pornografia descontrolada e a sobrecarga de estímulos que podem mutilar a sexualidade".[24] Na presença de um bombardeamento de mensagens ambíguas e vagas – cujo fim é uma desorientação emotiva e impedir a maturidade psicorrelacional – "faz falta ajudá-los a identificar e procurar as influências positivas, ao mesmo tempo que se afastam de tudo o que desfigura a sua capacidade de amar".[25]

---

[23] Id. O leigo católico testemunha da fé na escola, 15 de outubro de 1982, n. 17.

[24] *Amoris laetitia*, n. 281.

[25] Id.

A sociedade

43. No processo educativo não poderá faltar um olhar de conjunto sobre a sociedade atual. A *transformação das relações interpessoais* e sociais "agitou com frequência a 'bandeira da liberdade', mas na realidade trouxe devastação espiritual e material a numerosos seres humanos, de maneira especial aos mais vulneráveis. É cada vez mais evidente que o declínio da cultura do matrimônio está associado a um aumento de pobreza e a uma série de numerosos outros problemas sociais que atingem em medida desproporcional as mulheres, as crianças e os idosos. E são sempre eles quem mais sofre nesta crise".[26]

44. Por esses motivos, a família não pode ser abandonada no desafio educativo. Naquilo que lhe diz respeito, a Igreja continua a oferecer apoio às famílias e aos jovens em comunidades abertas e acolhedoras. A escola e as comunidades locais, em particular, são chamadas a desenvolver uma grande missão, ainda se esta não se substitui aos pais, mas são-lhes complementares.[27] A relevante urgência do desafio formativo pode constituir hoje um forte estímulo para reconstruir *a aliança educativa entre família, escola e sociedade.*

45. Como é difusamente reconhecido, esse pacto educativo entrou em crise. É urgente promover uma aliança

---

[26] PAPA FRANCISCO. Discurso aos participantes do Encontro Internacional sobre a Complementaridade entre Homem e Mulher, promovido pela Congregação para a Doutrina da Fé.

[27] Cf. *Amoris laetitia*, n. 84.

substancial e não burocrática, que harmonize, no projeto partilhado de "uma positiva e prudente educação sexual",[28] a primária responsabilidade dos pais com o dever de professores. Deve-se criar condições para um encontro construtivo entre os vários sujeitos, com o fim de instaurar um clima de transparência, interagindo e mantendo-se constantemente informados sobre essa atividade educativa para facilitar o empenho e evitar inúteis tensões que poderão surgir por causa de incompreensões por falta de clareza, informação e competência.

46. No horizonte dessa aliança, a ação educativa deve ser formatada no *princípio de subsidiariedade*. "Quaisquer que sejam os colaboradores no processo educativo devem agir em nome dos pais, com o seu consenso e, em certa medida, também com o seu mandato."[29] Procedendo em conjunto, família, escola e sociedade podem articular percursos de educação para a afetividade e para a sexualidade orientados para o respeito pelo corpo do outro e para o respeito dos tempos da própria maturidade sexual e afetiva, tendo em conta a especificidade fisiológica e psicológica e, também, das fases de crescimento e maturidade neurocognitiva das meninas e dos meninos, de modo a acompanhá-los no seu crescimento de maneira sã e responsável.

---

[28] *Gravissimum educationis*, n. 1.

[29] JOÃO PAULO II. Carta às famílias *Gratissimam sane*, n. 16; cf. PONTIFÍCIO CONSELHO PARA A FAMÍLIA. Sexualidade humana: verdade e significado. Orientações educativas na família, 8 de dezembro de 1995, n. 23.

A formação dos formadores

47. À efetiva realização do projeto pedagógico, são chamados de modo responsável todos os formadores. A sua personalidade madura, a sua preparação e o seu equilíbrio influenciam fortemente os educandos.[30] Portanto, é importante ter em consideração na sua formação, para além do aspectos profissionais, também aqueles de ordem cultural e espiritual. A *educação da pessoa*, especialmente na idade evolutiva, necessita de um cuidado particular e de uma constante atualização. Não se trata somente de uma simples repetição dos temas disciplinares. Aos educadores espera-se que saibam "guiá-los numa aprendizagem significativa e profunda; exige-se que saibam acompanhar os alunos rumo a objetivos elevados e desafiantes, demonstrar elevadas expectativas em relação a eles, envolver e relacionar os estudantes entre eles e com o mundo".[31]

48. A responsabilidade dos diretores, do corpo docente e do pessoal auxiliar é a de garantir um serviço qualificado coerente com os princípios cristãos que constituem a identidade do projeto educativo, mas também de interpretar os desafios contemporâneos através de um testemunho cotidiano feito na base da compreensão, da objetividade e da prudência.[32] É, na realidade, aceito por todos que "O

---

[30] Cf. Orientações educativas sobre o amor humano, n. 79.

[31] CONGREGAÇÃO PARA A EDUCAÇÃO CATÓLICA. *Educar hoje e amanhã. Uma paixão que se renova.* Cidade do Vaticano, 2014, cap. II, n. 7.

[32] Cf. CONGREGAÇÃO PARA A EDUCAÇÃO CATÓLICA. Educar juntos na escola católica. Missão partilhada por pessoas consagradas e fiéis leigos, 8 de setembro de 2007, nn. 34-37.

homem contemporâneo escuta com melhor boa vontade as testemunhas do que os mestres, dizíamos ainda recentemente a um grupo de leigos, ou então, se escuta os mestres, é porque eles são testemunhas".[33] A *autoridade do educador* configura-se, portanto, como a confluência concreta de uma "formação geral, baseada sobre uma concepção positiva e construtiva da vida e sobre o esforço constante para realizá-la. Uma tal formação vai mesmo além da necessária preparação profissional e atinge os aspectos mais íntimos da personalidade, incluindo o religioso e o espiritual".[34]

49. A formação dos formadores – de inspiração cristã – tem como objetivo quer seja a pessoa do docente, quer seja a construção e a consolidação de uma *comunidade educativa* através da profícua troca didática, emocional e pessoal. Desse modo, gera-se uma relação ativa entre os educadores, em que o crescimento pessoal integral enriquece aquele profissional, vivendo o ensino como um serviço de humanização. Portanto, é necessário que os docentes católicos recebam uma preparação adequada sobre o conteúdo dos diversos aspectos da questão do *gender* e estejam informados sobre as leis em vigor e as propostas em via de discussão nos próprios países, com o auxílio de pessoas qualificadas de maneira equilibrada e em nome do diálogo. As instituições universitárias e os centros de investigação são chamados a oferecer o seu específico contributo, a fim

---

[33] PAULO VI. Exortação apostólica *Evangelii nuntiandi*, 8 de dezembro de 1975, n. 41.

[34] Orientações educativas sobre o amor humano, n. 80.

de garantir uma formação adequada e atualizada durante todo o arco da vida.

50. No que se refere à específica ação da educação para o amor humano – "tendo em conta o progresso da psicologia, da pedagogia e da didática"[35] – requer-se para os formadores "uma preparação psicopedagógica apropriada e séria, que lhe permita perceber situações particulares que exijam uma atenção especial".[36] Consequentemente, "torna-se necessária uma visão clara da situação, porque o método usado não somente condiciona grandemente o sucesso desta delicada educação, como também a colaboração entre os diferentes responsáveis".[37]

51. Hoje muitas legislações reconhecem a autonomia e a liberdade de ensino. Nesse âmbito, as escolas têm a oportunidade de colaborar com as instituições católicas de instrução superior no aprofundamento dos diversos aspectos da educação sexual, a fim de realizar subsídios, guias pedagógicos e manuais didáticos construídos com a "visão cristã do homem".[38] A tal propósito, os pedagogos e os docentes de didática e, também, os especialistas em literatura infantil e da adolescência tenham a possibilidade de contribuir com instrumentos inovadores e criativos para a consolidação da educação integral da pessoa desde a primeira infância, contra a visões parciais e distorcidas. À luz de um renovado pacto educativo, a cooperação entre

---

[35] *Gravissimum educationis*, n. 1.
[36] Orientações educativas sobre o amor humano, n. 81.
[37] Ibid., n. 83.
[38] Ibid., n. 22.

todos os responsáveis – a nível local, nacional e internacional – não se pode esgotar apenas na partilha de ideias e na profícua troca de boas práticas, mas oferece-se como um importante meio de formação permanente dos próprios educadores.

CONCLUSÃO

52. Em conclusão, a *via do diálogo* – que escuta, analisa e propõe – apresenta-se como o percurso mais eficaz para uma transformação positiva das inquietudes e das incompreensões, num recurso para o desenvolvimento de um ambiente relacional mais aberto e humano. Pelo contrário, a aproximação ideologizada às delicadas questões de gênero, ainda que declarando o respeito pela diversidade, arrisca considerar as próprias diferenças de modo estático, deixando-as isoladas e impermeáveis umas às outras.

53. A proposta educativa cristã enriquece o diálogo na medida em que vai "favorecer a realização do homem através do desenvolvimento de todo o seu ser, espírito incarnado, e dos dons da natureza e da graça com os quais foi enriquecido por Deus".[1] Isso exige um sentido de acolhedora *aproximação ao outro* a ser entendido como antídoto natural da "cultura do descartável" e do isolamento. Promove-se, desse modo, a "dignidade originária de cada homem e mulher, insuprível, indisponível para qualquer poder ou ideologia".[2]

54. Para além de qualquer reducionismo ideológico ou relativismo homologante, as educadoras e os educado-

---

[1] Orientações educativas sobre o amor humano, n. 21.

[2] PAPA FRANCISCO. Discurso à delegação do Instituto "Dignitatis humanae", 7 de dezembro de 2013.

res católicos – na correspondência à identidade recebida da inspiração evangélica – são chamados a *transformar positivamente os desafios atuais em oportunidades*, percorrendo os caminhos do acolhimento, da razão e da proposta cristã, e, também, testemunhando com as modalidades da própria presença a coerência entre as palavras e a vida.[3] Os formadores têm a fascinante missão educativa de "ensinar um percurso pelas diversas expressões do amor, o cuidado mútuo, a ternura respeitosa, a comunicação rica de sentido. Com efeito, tudo isso prepara para uma doação íntegra e generosa de si mesmo que se expressará, depois de um compromisso público, na entrega dos corpos. Assim, a união sexual no matrimônio aparecerá como sinal de um compromisso totalizante, enriquecido por todo o caminho anterior".[4]

55. Também não contradiz essa cultura de diálogo a legítima aspiração das escolas católicas de manter a própria visão da sexualidade humana em função da liberdade das famílias de poder basear a educação dos próprios filhos sobre uma *antropologia integral*, capaz de harmonizar todas as dimensões que constituem a identidade física, psíquica e espiritual. Um Estado democrático não pode, de fato, reduzir a proposta educativa a um único modo de pensar, especialmente numa matéria tão delicada que toca a visão fundamental da natureza humana e o direito natural dos pais de uma livre escolha educativa, sempre segundo

---

[3] Cf. Educar para o diálogo intercultural na escola católica. Viver juntos para uma civilização de amor, conclusão.

[4] *Amoris laetitia*, n. 283.

a dignidade da pessoa humana. Cada instituição escolar deve, portanto, dotar-se de instrumentos organizativos e programas didáticos que tornem real e concreto esse direito dos pais. Assim, a proposta pedagógica cristã concretiza-se como uma sólida resposta à antropologia da fragmentação e do provisório.

56. Os centros educativos católicos, na oferta de programas de formação afetiva e sexual, devem ter em consideração as diferentes idades dos alunos e dar auxílio no pleno respeito por todas as pessoas. Isso se pode realizar através de um *percurso de acompanhamento* discreto e reservado, com o qual se vai ao encontro também daqueles que se encontram vivendo uma situação complexa e dolorosa. A escola deve, portanto, apresentar-se como um ambiente de confiança, aberto e sereno, especialmente naqueles casos que necessitam de tempo e discernimento. É importante criar as condições para um acolhimento paciente e compreensivo, afastado de injustas descriminações.

57. Bem consciente da solicitude educativa e do cansaço cotidiano vivido pelas pessoas empenhadas na escola e nos variados contextos da atividade pedagógica formais e informais, a Congregação para a Educação Católica encoraja a prosseguir na missão formativa das novas gerações, especialmente daqueles que sofrem a pobreza nas suas variadas expressões e têm necessidade do amor dos educadores e das educadoras, de modo tal que "os jovens não sejam somente amados, mas também saibam que são amados" (São João Bosco). Este Dicastério exprime, também, viva gratidão e – com as palavras do Papa Francisco

– encoraja "os professores cristãos, que trabalham quer em escolas católicas, quer em escolas estatais, [...] a estimular nos alunos a abertura ao outro como rosto, como pessoa, como irmão e irmã que deve ser conhecido e respeitado, com a sua história, as suas qualidades e defeitos, riquezas e limites. A aposta consiste em cooperar para formar jovens abertos e que se interessam pela realidade que os circunda, capazes de cuidado e ternura".[5]

Cidade do Vaticano, 2 de fevereiro de 2019,
Festa da Apresentação do Senhor.

Giuseppe Card. Versaldi
Prefeito

Arceb. Angelo Vincenzo Zani
Secretário

---

[5] PAPA FRANCISCO. Discurso à Associação Italiana de Professores Católicos, 5 de janeiro de 2018.

Rua Dona Inácia Uchoa, 62
04110-020 – São Paulo – SP (Brasil)
Tel.: (11) 2125-3500
http://www.paulinas.com.br – editora@paulinas.com.br
Telemarketing e SAC: 0800-7010081